Micheline Chaoul

Mes Logigrammes

II.
Deuxième édition revue et corrigée

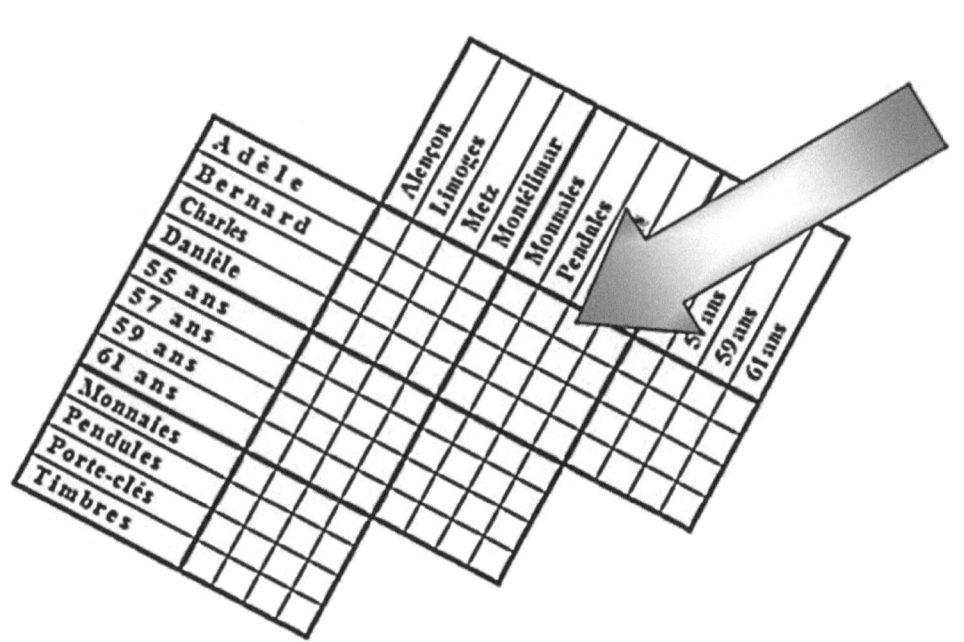

2017 Micheline Chaoul
Edition: BoD – Books on Demand
12/14 rond-point des Champs Elysées, 75008 Paris
Imprimé par Books on Demand GmbH, Norderstedt, Allemagne
Dépôt légal : Janvier 2017
ISBN : 9 782322 137718

Les Règles du Jeu

Le logigramme est un jeu ayant pour but de remplir une grille à l'aide d'indices donnés. Les indices sont à reporter dans les cases de la grille, X pour « Oui », N pour « Non ». Vous pouvez aussi griser les cases « non » et inscrire un « O » (pour « oui ») dans les cases indiquant la solution.
Une fois toutes les cases remplies, il n'y a plus qu'à compléter la grille des solutions.

Un exemple :
1. Léon n'a pas 35 ans → NON en E3.
2. Celui qui habite Strasbourg n'a pas 30 ans → NON en C4
3. Jean a 40 ans et il n'habite ni Lyon ni Strasbourg → OUI en F2 et NON en A2 et C2.

			Ville			AGE		
			Lyon	Nantes	Strasbourg	30 ans	35 ans	40 ans
			A	**B**	**C**	**D**	**E**	**F**
NOM	Hubert	**1**		*N*		*N*	*OUI*	*N*
	Jean	**2**	**N**	*OUI*	**N**	*N*	*N*	**OUI**
	Léon	**3**	*OUI*	*N*	*N*	*OUI*	**N**	*N*
AGE	30 ans	**4**	*OUI*	*N*	**N**			
	35 ans	**5**	*N*	*N*				
	40 ans	**6**	*N*	*OUI*	*N*			

Complétons le tableau : Jean habite donc Nantes → *OUI* en B2 et *NON* en B1 et B3, il a 40 ans → *NON* en D2, E2, F1 et F3.
Donc Hubert a 35 ans → *OUI* en E1.
Donc Léon a 30 ans → *OUI* en D3.
Reportons les indices :
Jean a 40 ans et il habite Nantes → *OUI* en B6.
Donc l'homme de 30 ans, c'est-à-dire Léon, habite Lyon → *OUI* en A4 et *OUI* en A3.
Il n'y a plus qu'à remplir le reste : OUI en C5 et OUI en C1.

NOM	VILLE	AGE
Hubert	Strasbourg	35 ans
Jean	Nantes	40 ans
Léon	Lyon	30 ans

1 – Numismate, penduluphile ou philatéliste ?

Numismate = collectionneur de pièces de monnaie ; penduluphile = collectionneur de pendule et réveils ; philatéliste = collectionneur de timbres.
Trois personnes sont des collectionneurs passionnés. Quels objets collectionnent-ils, quel âge ont-ils, et où habitent-ils ?

1. Julien habite Lille et l'homme de 64 ans Alençon. Ce dernier ne collectionne pas des monnaies.
2. L'habitant de Tarbes collectionne des pendules.
3. Louis a 60 ans, il ne collectionne pas des timbres

Nom	Âge	Objets	Ville

2 – Le chat de la famille

Trois couples ont un chat. Trouvez les noms de ces personnes, celui du chat, et l'âge de celui-ci.

1. Le chat de Georges s'appelle Napoléon. Il est plus âgé que celui de Martin, dont l'épouse ne se prénomme pas Évelyne.
2. Le chat de Simone a 4 ans, il ne s'appelle pas Chipie.
3. Daniel est le propriétaire de Gribouille, qui est plus vieux que le chat de Georges.

Mari	Femme	Âge chat	Nom chat

3-Les animaux vedettes

Une agence de publicité a tourné plusieurs spots utilisant des animaux. Quel animal fut utilisé, pour quel produit, quel était son nom, et sur quelle chaîne le spot fut-il diffusé ?

1. Ni le lion ni Odin n'ont tourné pour des bonbons au miel ni ne sont passés sur la 5ᵉ chaîne. Le chat apprécie la douceur des lainages lavés avec la lessive X…

2. Le cheval ne passe pas sur la 5ᵉ chaîne.

3. La 3ᵉ chaîne a diffusé un spot vantant la rapidité d'une société de livraisons.

4. Le chien, appelé Loustic, n'a pas tourné pour des bonbons au miel.

5. Darius recommande d'effectuer régulièrement des visites de contrôle chez le dentiste.

6. Tango passe sur la 1ʳᵉ chaîne, mais pas pour une publicité de pantoufles ou de bonbons au miel. Le corbeau est passé sur la chaîne n° 4.

Animal	Nom	Produit	Chaîne
Chat	Tango	Lessive pour lainages	Chaîne 1
Chien	Loustic	Pantoufles	Chaîne 5
Cheval	Odin	Livraisons rapides	Chaîne 3
Corbeau	Prosper	Bonbons au miel	Chaîne 4
Lion	Darius	Visite chez le dentiste	Chaîne 2

4-Lecture pour tous ...

Qui a dit que les jeunes ne lisaient pas ? Nos quatre amis ont l'habitude de lire pendant leurs trajets quotidiens, mais sur des supports bien différents. Que lisent-ils, sur quel support, et combien de temps durent leurs trajets respectifs ?

1. La personne qui utilise une liseuse a un trajet plus long que celle qui lit des classiques.

2. Ni Aurélie ni Juliette, qui aime les romans d'amour, ne lisent pas sur un téléphone portable, qui est utilisé pour un trajet de 30 minutes.

3. La personne qui a 40 minutes de trajet est restée fidèle au livre papier.

4. La tablette sert pour lire des romans policiers.

5. La personne qui a 45 minutes de trajet télécharge des revues. Ce n'est pas Théodore, qui ne lit pas de policiers.

6. Le trajet d'Aurélie est plus long que celui de Nicolas.

Prénom	Lecture	Support	Temps de trajet

5-Monopoly

Il pleut ? Sortons le bon vieux jeu de Monopoly ! On a joué quelques coups. Que représente le pion de chaque joueur, qu'a-t-il déjà acheté et sur quelle case se trouve-t-il à présent ?

1. La personne dont le pion représente un cheval a acheté la Compagnie d'Électricité.
2. Le pion de Carole représente un oiseau. Il n'est pas sur la case « parc gratuit », la tour non plus.
3. La personne qui est tombée sur la case « Prison » - ce n'est pas Maeva – a acheté la Gare de Lyon.
4. Bruno a acheté la Rue de Paradis.
5. La tour, qui n'est pas à Maeva, a acheté la Rue de Courcelles.
6. La personne dont le pion est sur l'Avenue de Breteuil n'a pas acheté la Compagnie d'électricité ni la rue de Courcelles.

Nom	Pion	Se trouve sur la case :	À acheté :
Bruno	Voiture	Avenue de Breteuil	Rue de Paradis
Carole	Oiseau	Prison	Gare de Lyon
Maeva	Cheval	Parc gratuit	Compagnie d'électricité
Steven	Tour	Rue La Fayette	Rue de Courcelles

6-Facebook canin

Quatre personnes ont une page Facebook consacrée presque exclusivement aux exploits de leurs chiens respectifs. Comment s'appellent ces toutous, quel âge ont-ils et de quelle race sont-ils ?

1. Agnès est la propriétaire de Filou, qui est plus âgé que le chien de Carmen, qui n'est pas un bichon maltais et ne s'appelle pas Pyrrhus.

2. La propriétaire d'Ajax dit que son chien est « de sang royal », car il s'agit d'un cavalier King Charles. Il est plus âgé que le chien d'Ella.

3. Le bichon maltais est plus âgé que Moustique, qui n'est pas un chihuahua.

4. Le chien de Carmen est plus jeune que le yorkshire.

	Ajax	Filou	Moustique	Pyrrhus	Bichon Maltais	Chihuahua	Cavalier King Charles	Yorkshire	3 ans	4 ans	5 ans	6 ans
Agnès												
Carmen												
Danièle												
Ella												
3 ans												
4 ans												
5 ans												
6 ans												
Bichon maltais												
Chihuahua												
Cavalier King Charles												
Yorkshire												

Maîtresse du chien	Nom du chien	Race du chien	Âge du chien

7- Nœuds papillon

Frédéric a monté une petite entreprise vendant des accessoires vestimentaires masculins. Cette semaine, il a vendu un nombre record de nœuds papillon ! D'où venaient les commandes, combien de nœuds comprenait chacune d'elles, quel était le thème qui les illustrait et quel autre accessoire accompagnait la commande ?

1. Le client de Grenoble, qui n'a pas demandé des nœuds à motifs de dessins animés, a commandé plus d'articles que celui de Dunkerque, mais moins que celui d'Angers qui a également commandé un foulard.
2. Celui qui a voulu des nœuds représentant des drapeaux a également commandé des ceintures ; la commande n'a pas été expédiée à Limoges, où Frédéric en a envoyé 7.
3. Il y avait moins de nœuds avec des drapeaux que de ceux avec des étoiles, mais pas 5.
4. La commande de bretelles ne comprenait pas 5 nœuds papillon.
5. Les nœuds avec des motifs de dessins animés n'ont pas été envoyés à Limoges.

Ville	Autre accessoire	Motifs	Nombre
Angers	Foulard	Étoiles	12
Dunkerque	Cravate	Dessins animés	5
Grenoble	Ceinture	Drapeaux	10
Limoges	Bretelles	Fleurs	7

8-Niccolò Paganini

Paganini (1782-1840) fut un violoniste virtuose et compositeur que sa virtuosité fit surnommer « le violon du diable ». Entre 1829 et 1832, une tournée de concerts en Europe lui fit rencontrer divers compositeurs. Qui rencontra-t-il, où et à quelle période ?

1. Paganini rencontra Liszt à Paris, une année après Schumann, mais pas en mars.
2. Il rencontra Spohr une année après Mendelssohn, qu'il ne rencontra pas en juin, et une année avant d'aller à Weimar.
3. Le concert de mai eut lieu une année après celui de Kassel et l'année d'avant celui d'avril.
4. Paganini fit une rencontre en juin 1830.

Compositeur rencontré	Ville	Mois	Année
Mendelssohn	Berlin	Mars	1829
Spohr	Kassel	Juin	1830
Schumann	Weimar	Mai	1831
Liszt	Paris	Avril	1832

9-Les Fjords de Norvège

Quatre personnes ont fait une croisière le long des fjords, près de Bergen en Norvège. D'où venaient ces touristes, quel endroit ont-elles préféré, combien de temps le bateau y est-il resté, et comment s'appelait le guide ?

1. Avec Freda, on est resté 45 minutes.
2. La Lilloise a vu Alden, pas avec Sander.
3. L'habitante de Saint-Etienne a regretté de ne rester que 30 minutes dans un bel endroit. Le guide n'était pas Eirik.
4. La bordelaise a eu Vilde comme guide, avec qui elle n'a pas vu Utvær. Ce n'est pas non plus elle qui est restée 15 minutes devant Fedje.

Ville	Guide	Lieu	Durée
Bordeaux	Vilde	Sognfjord	1 heure
Lille	Freda	Alden	45 minutes
Rouen	Eirik	Fedje	15 minutes
Saint Étienne	Sander	Utvær	30 minutes

10-Les Lémuriens

Les lémuriens, ces petits rongeurs originaires pour la plupart de Madagascar, ont attisé la curiosité de jeunes venus les voir dans un zoo, et qui les ont photographiés. Où habitent ces jeunes chasseurs d'images, qui a photographié quel animal, combien de photos a-t-il prises ?

1. La personne qui habite Pontoise a photographié un indri. Elle n'a pas pris 10 photos, et ce n'était pas Danièle.
2. Danièle n'a pas photographié le microcèbe et n'habite pas Asnières.
3. La personne qui a photographié un aye-aye n'habite pas Paris et a pris plus de photos que Karim.
4. Marina a pris 10 photos d'un chrisogale.
5. Christian a pris 25 photos ; il n'habite pas Pontoise.
6. La personne habitant Asnières n'a pas photographié un microcèbe.

Nom	Ville	Espèce	Photos
Christian	Paris	Microcèbe	25
Danièle	Saint-Maur	Aye-aye	20
Karim	Pontoise	Indri	15
Marina	Asnières	Chrisogale	10

11-Les Cavaliers de l'Empire

Durant le Premier Empire, quatre jeunes paysans ont été enrôlés dans la cavalerie de Napoléon. Qui est entré dans quelle arme, quel âge ont-ils et comment s'appellent leurs chevaux respectifs ?

1. Le cheval d'Ignace s'appelle Danseur.
2. François a 24 ans et n'est pas artilleur.
3. Le hussard a 22 ans.
4. Le soldat de 26 ans ne monte pas Cartouche et n'est pas artilleur.
5. Hubert n'est pas hussard et ne monte pas Jupiter, qui n'est pas le cheval du soldat de 28 ans ni du cuirassier.
6. Gérard est plus âgé que le cavalier de Patrocle qui est plus vieux que le dragon.

Nom	Cheval	Arme	Âge
François	Jupiter	Dragon	24 ans
Gérard	Cartouche	Artilleur	28 ans
Hubert	Patrocle	Cuirassier	26 ans
Ignace	Danseur	Hussard	22 ans

12-Rêvons un peu …

Quatre amis viennent de valider leurs tickets de loto et discutent de l'emploi qu'ils feront de la somme gagnée. Car, bien sûr, ils espèrent tous gagner le gros lot ! Un point commun : tous les quatre veulent visiter un pays. Mais lequel ? Et dans quelles conditions ? Et combien de grilles ont-ils remplies …

1. Daniel voudrait faire un voyage en bateau.
2. Agnès a rempli 2 grilles, mais ce n'est pas elle qui a envie de traverser le Groenland en traîneau à chiens.
3. La personne qui veut visiter la Norvège a rempli 1 grille.
4. La personne qui a joué 3 grilles ne souhaite pas voyager en 4x4.
5. Catherine ne veut pas visiter la Norvège ni le Népal et ne veut pas se déplacer à pied.
6. La personne qui veut visiter le Népal à pied n'a pas rempli 4 grilles.
7. Bernard a rempli plus de grilles que la personne qui veut se déplacer en traîneau.

Prénom	Moyen de transport	Pays	Nombre de grilles
Agnès	À pied	Népal	2 grilles
Bernard	En 4x4	Australie	4 grilles
Catherine	En traîneau	Groenland	3 grilles
Daniel	En bateau	Norvège	1 grille

13-« Apporte ! »

Azor, le chien de Julien, rapporte à son maître tout ce qu'il trouve, même si cela appartient aux voisins. Julien est obligé de faire le tour du quartier pour leur rendre le butin de son chien trop obligeant…

1. Manuel, qui avait perdu son portefeuille au jardin public, a offert un bel os à Azor. Il n'habite pas Rue des Roses et son numéro est supérieur à celui de la personne de l'impasse Diderot.

2. Le voisin du 3, passage Lamartine, n'est pas Karim et n'a pas perdu un trousseau de clés.

3. « Aucune importance », a dit Charles quand Julien lui a rapporté la balle de son chien, subtilisée par Azor.

4. L'habitant de la Rue des Roses, qui ne s'appelle pas Charles, n'est pas au 17, mais son numéro est supérieur à celui de Karim qui, lui, n'a pas perdu un étui à lunettes.

	N° 3	N° 5	N° 11	N° 17	Avenue des Cèdres	Impasse Diderot	Passage Lamartine	Rue des Roses	Balle	Clefs	Etui à lunettes	Portefeuille
Charles												
Karim												
Manuel												
Patrice												
Balle												
Clefs												
Etui à lunettes												
Portefeuille												
Avenue des Cèdres												
Impasse Diderot												
Passage Lamartine												
Rue des Roses												

Voisin	N°	Rue	Objet

14-Métempsychose

La métempsychose, doctrine de certaines religions, en particulier de l'hindouisme, est la croyance selon laquelle un individu peut se réincarner en animal ou en végétal. Quatre jeunes donnent leurs préférences : en quoi aimeraient-ils être réincarnés, pourquoi, et en animal ou végétal de quelle couleur ?

1. Sophia aimerait être réincarnée en chat, mais pas rose. Elle ne souhaite pas vivre 1000 ans.
2. Un garçon voudrait être une fleur, pour être admiré.
3. L'arbre n'est pas souhaité bleu et ne voyage pas.
4. Christian aime le bleu, il ne souhaite pas passer son temps à dormir.
5. Une fille veut voyager, elle aime le blanc.
6. L'oiseau ne vit pas 1000 ans, et n'est pas noir.
7. Karim se voit en rose, mais pas pour dormir.

	Arbre	Chat	Fleur	Oiseau	Pour dormir	Pour être admiré	Pour vivre 1000 ans	Pour voyager	Blanc	Bleu	Noir	Rose
Aline												
Christian												
Karim												
Sophia												
Blanc												
Bleu												
Noir												
Rose												
Pour dormir												
Pour être admiré(e)												
Pour vivre 1000 ans												
Pour voyager												

Prénom	Réincarnation	Pourquoi ?	Couleur

15-Prix Littéraires au féminin

Pour occuper ses vacances, Michèle a acheté quatre romans ayant obtenu des prix littéraires, et dont les auteurs sont des femmes. Quelle auteure a eu quel prix, en quelle année, et dans quel ordre Michèle les a-t-elle lus ?

1. Le roman de Prou, que Michèle a lu en dernier, a obtenu un prix après celui de Yourcenar, mais plus tôt que celui ayant obtenu le prix Goncourt.

2. L'ouvrage lu en premier n'a pas eu le Femina ; ni l'un ni l'autre n'ont été primés en 1984.

3. Christiane Rochefort a eu le prix Médicis, pas en 1968 et son livre n'a pas été lu en 3e.

4. Le livre ayant eu le prix Renaudot date de 1973 et a été lu juste après celui ayant obtenu le Goncourt.

	Femina	Goncourt	Médicis	Renaudot	1968	1973	1984	1988	1	2	3	4
Marguerite Duras												
Suzanne Prou												
Christiane Rochefort												
Marguerite Yourcenar												
1												
2												
3												
4												
1968												
1973												
1984												
1988												

Auteur	Prix	Année	Ordre

16-Soir de match égal pizza !

Un soir de match, Nicolas, livreur de pizzas à Boulogne-Billancourt, n'a pas chômé ! À quelle heure est-il allé dans quelle rue, à quel étage, et quelle pizza a-t-il livrée ?

1. La pizza Napolitaine fut livrée plus tard que celle livrée au 1er étage.
2. La pizza Regina n'a pas été livrée rue Galliéni, où Nicolas a livré à 19h45.
3. Avenue Victor Hugo, la livraison était au Rez-de-chaussée. Ce n'était pas une pizza Regina.
4. La pizza du Pêcheur a été livrée à 20h.
5. Une pizza Quatre Saisons a été livrée au 2e étage.
6. À 20 h 15, Nicolas faillit arriver en retard, car l'ascenseur menant au 4e étage était en panne. Ce n'était pas route de la Reine.

Solution

Rue	Étage	Pizza	Heure
Rue Galliéni	2e étage	Quatre Saisons	19 h 45
Route de la Reine	1er étage	Pêcheur	20 h
Boulevard Jean Jaurès	4e étage	Regina	20 h 15
Avenue Victor Hugo	Rez-de-Chaussée	Napolitaine	20 h 30

17- « Les comptes fantastiques d'Haussmann »

Il s'agit d'un pamphlet de Jules Ferry *(titre parodiant l'opéra d'Offenbach « Les Contes d'Hoffmann »)* paru en 1868, stigmatisant les énormes dépenses engagées par le préfet Haussmann pour rénover Paris. Une grande partie de la ville fut effectivement réaménagée pour prendre l'aspect que nous connaissons aujourd'hui. Quatre architectes et ingénieurs notamment travaillèrent pour Haussmann. Quelles sont leurs dates de vie et de mort, quelle fut leur réalisation principale et en quelle année fut-elle inaugurée ?

1. Jacques-Ignace Hittorff, né au 18ᵉ siècle, n'a pas conçu le Parc Montsouris ni la réalisation de 1862.
2. Jean-Charles Alphand, qui n'est pas l'architecte du Théâtre du Châtelet, est né plus tard que Belgrand, dont la réalisation n'a pas été inaugurée en 1852, et plus tôt que Davioud.
3. Les égouts ont été commencés plus tard que le Cirque d'Hiver - qui n'a pas été conçu par Davioud - et plus tôt que le Parc Montsouris.
4. Celui né en 1823, qui n'a pas créé le réseau des égouts, a vu sa réalisation inaugurée après le Cirque d'Hiver et avant la réalisation d'Alphand.
5. Le Théâtre du Châtelet a été inauguré en 1862.

	1792-1867	1810-1878	1817-1891	1823-1881	Théâtre du Châtelet	Cirque d'Hiver	Égouts de Paris	Parc Montsouris	1852	1854	1862	1869
Jean-Charles Alphand												
Eugène Belgrand												
Gabriel Davioud												
Jacques-Ignace Hittorff												
1 8 5 2												
1 8 5 4												
1 8 6 2												
1 8 6 9												
Théâtre du Châtelet												
Cirque d'Hiver												
Égouts de Paris												
Parc Montsouris												

Architecte	Dates de vie	Réalisation	Date

18-Star Wars XXXX…

En l'an XXXX…, quatre guerriers ont vaincu un ennemi de la galaxie sur un astéroïde. Comment s'appelaient ces héros, qui étaient leurs ennemis, sur quel astéroïde le combat a-t-il eu lieu et quel événement décida de la victoire ?

1. Wangy n'a pas vu d'orage magnétique et ne luttait pas contre Jogh, qui a attaqué sur C53 et n'a pas pris la fuite.

2. Parenn a failli avoir raison de son adversaire, mais son vaisseau a eu une panne d'énergie qui l'a obligé à se retirer. Ce n'était pas contre Zaneth, et ni l'un ni l'autre n'était sur A47.

3. Xenia a combattu sur B68, son adversaire – qui n'était pas Nekath -,'a pas pris la fuite, ni n'a subi un orage magnétique.

4. Les renforts arrivés sur C53 n'ont pas donné la victoire à Zaneth qui ne combattait pas Nekath.

Combattants	Astéroïde	Ennemi	Cause
Wangy	A47	Nekath	Fuite de l'ennemi
Xenia	B68	Parenn	Panne du moteur ennemi
Yorath	C53	Jogh	Renforts arrivés
Zaneth	D07	Armag	Orage magnétique

19-La première croisade (1096-1099)

Quatre jeunes chevaliers sont partis pour la croisade, laissant leur promise. La croisade terminée, ils revinrent. Certains la retrouvèrent, mais un seul put l'épouser. Quels étaient leurs noms et celui de leurs fiancées, sous quel seigneur partirent-ils en croisade, et retrouvèrent-ils leur dame à leur retour ?

1. Orderic, qui ne servit pas dans l'armée d'Étienne de Blois, retrouva sa promise mariée à un autre. Ce n'était pas Hermine.

2. Le promis de Mahaut, qui n'était pas Radulf, est parti sous les ordres de Godefroi de Bouillon. Mahaut n'est pas entrée au couvent, comme le fit la promise de Sigebert.

3. Le chevalier parti sous les ordres de Bohémon de Normandie, qui n'est pas Sigebert, a retrouvé et épousé sa promise, qui n'est pas Guillemette.

4. Le chevalier vassal d'Étienne de Blois, qui n'est pas Théodoric, a eu la douleur d'apprendre la mort de sa dame.

5. Le chevalier parti sous les ordres de Raymond de Saint-Gilles aimait Pétronille.

	Guillemette	Hermine	Mahaut	Pétronille	Est entrée au couvent	En a épousé un autre	Est morte	La retrouva et l'épousa	Bohémon de Normandie	Étienne de Blois	Godefroi de Bouillon	Raymond de Saint-Gilles
Orderic												
Radulf												
Sigebert												
Théodoric												
Bohémon de Normandie												
Étienne de Blois												
Godefroi de Bouillon												
Raymond de Saint-Gilles												
Est entrée au couvent												
En a épousé un autre												
Est morte												
La retrouva et l'épousa												

Chevalier	Promise	La retrouva-t-il ?	Seigneur

20-À la Brasserie du Centre

Julien vient d'être engagé comme serveur à la Brasserie du Centre. Aujourd'hui, il est très impressionné : quatre clients qu'il doit servir sont des personnages importants de la ville. À quelle table sont ces personnes, comment se nomment-ils et quel plat ont-ils choisi ?

1. Madame Martin, juge d'instruction, est à une table au numéro pair.
2. Le (la) client(e) de la table 5 n'est pas Madame Charpentier, qui a commandé du saumon, n'est pas dirigeante de société et n'occupe pas la table 7.
3. La personne qui est percepteur a pris du bœuf en daube. Son numéro de table est plus petit que celui du (de la) dirigeant(e) de société.
4. Le (la) client(e) de la table 4 a pris du civet, suivant les conseils de Julien.
5. Monsieur Dubois n'a pas pris une potée auvergnate.

Client	Profession	N° de table	Plat choisi

21-Les enquêtes du commissaire Lemaigre

Le commissaire Lemaigre, du commissariat du 14ᵉ arrondissement de Paris, est content de son équipe : cette semaine, ils sont parvenus à démanteler un réseau de trafiquants d'objets d'art. Qui a effectué quelle action, quel grade a-t-il, et dans quelle rue cela s'est-il passé ?

1. Martin, qui n'est pas celui qui a arrêté le chef du réseau, a un grade plus élevé que Carel, mais moins que Brulin, qui a opéré Avenue du Maine.
2. Quelqu'un a localisé un dépôt d'objets volés boulevard Brune. Ce n'est pas le lieutenant Santi.
3. Celui qui a localisé le dépôt a un grade moins élevé que celui qui a questionné un indic, mais plus haut que brigadier.
4. Celui qui a opéré rue d'Alésia n'est pas brigadier.
5. Ce n'est pas Santi qui a arrêté le chef du réseau.

Policier	Adresse	Action	Grade

22-Panique au Supermarché

La responsable d'un supermarché n'en peut plus : cet après-midi, il y a eu 4 incidents à 4 caisses différentes. Que s'est-il passé à chacune de ces caisses, pour quel produit et à quelle heure ?

1. Au moment où l'on a scanné une boîte de conserve, la caisse a affiché le code du cirage. C'était juste après l'incident de la caisse 2.

2. « Plus de papier pour les tickets » a dit une caissière à 16 heures. Ceci s'est produit à une caisse de numéro supérieur à celle qui s'est éteinte brusquement.

3. Les fruits ont provoqué un incident juste avant la caisse 4 et juste après la panne d'imprimante, qui ne s'est pas produite à la caisse 2 ni au moment de passer un baril de lessive, qui n'a pas été non plus présenté à la caisse 2.

Problème	Produit	Numéro de caisse	Heure
Caisse qui s'éteint	Baril de lessive	Caisse 1	15 H
Panne d'imprimante	Fromage	Caisse 3	15 H 30
Plus de papier	Fruits	Caisse 2	16 H
Mauvais code affiché	Boîte de conserve	Caisse 4	16 H 30

23-Fans de Louis de Funès

Quatre jeunes, habitant Boulogne-Billancourt, ont une commune passion : les films de Louis de Funès. Quel est le film préféré de chacun, quels sont leurs âges respectifs et dans quelle rue habitent-ils ?

1. Celui qui préfère « La Folie des Grandeurs » a 1 an de plus que Laurent et 1 an de moins que celui qui habite rue Galliéni.

2. Christian, dont le film préféré n'est pas « La Zizanie », a 1 an de plus que celui qui habite avenue Victor Hugo et qui n'est pas Nicolas.

3. Celui qui habite rue des Abondances, et qui n'est pas Laurent, a 2 ans de plus que celui qui préfère « Le Gendarme de Saint-Tropez », qui n'habite pas rue Galliéni et ne s'appelle pas Christian.

4. Celui qui préfère « La Grande Vadrouille » habite Route de la Reine, ce n'est pas Ronan.

Film	Prénom	Âge	Adresse

24-Au Concert Spirituel

Le « Concert Spirituel » fut une organisation de concerts parisienne qui organisa des séances musicales entre 1725 et 1791.

Monsieur Brécourt, négociant parisien, est un mélomane éclairé qui ne manque pas d'emmener ses amis amateurs de musique aux concerts. Cette année, il a invité quatre personnes. D'où viennent ces amis, avec qui sont-ils venus au concert et de qui était l'œuvre crée ce jour-là ?

1. L'Abbé Pépin habite Paris, mais Monsieur Brécourt apprécie toujours son jugement musical éclairé. Il est venu plus tard que l'ami de Nancy, et plus tôt que celui de Chartres. Ce ne fut pas pour la création d'une œuvre de Mondonville.

2. Sachant le Comte d'Haussonville amateur de musique italienne, Monsieur Brécourt l'a convié à un concert d'œuvres de Geminiani. Ce n'était pas en Mars.

3. Monsieur Colas, commerçant à Chartres, a apprécié l'œuvre de Rameau. Il est venu plus tard que l'ami qui habite Versailles.

Invité	Ville	Compositeur	Date

25-En attendant l'autobus

Quatre jeunes femmes attendent quatre autobus différents à une station. Que font-elles en attendant, au bout de combien de temps l'autobus de chacune est-il arrivé, et quel est son numéro ?

1. Le 80 est arrivé au bout de 5 minutes.
2. Bella attend le 66.
3. Celle qui marche de long en large n'attend pas le 26 ni le 80.
4. Caroline a attendu 20 minutes.
5. Agnès lit un journal. Elle n'attend pas le 80 et n'a pas attendu 15 minutes.
6. Celle qui attend le 53 écoute de la musique sur son portable.

Prénom	N° du Bus	Occupation	Attente

26-L'Autorité du Sénat Romain

Le sénateur Aurelius Adrianus a reçu plusieurs nobles romains, accompagnés de leurs épouses, qui avaient chacun une supplique relevant de l'autorité du Sénat à lui faire parvenir. Qui est venu, qui est son épouse, de quelle ville viennent-ils et quel est l'objet de leur demande ?

1. Caïus Pompilius et son épouse, qui n'est pas Flavia, n'ayant pas d'enfant, veulent adopter une jeune esclave. Ils ne sont pas d'Antium.

2. Xena est l'épouse de celui qui souhaite régler un litige concernant un terrain mitoyen, qui ne se situe pas à Spoletum. Cela ne concerne pas Paulus Octavius.

3. Ni Lucius Nero ni l'époux de Cornelia ne souhaitent lever une armée, ce qui est demandé par l'habitant d'Antium.

4. Marcus et Gaïa résident à Tarracina.

Visiteur	Épouse	Ville	Demande

27-Une lecture passionnante

Quatre personnes se sont endormies tard. La raison ? Un livre qui les a passionnées ! Qui lit quel genre de littérature, combien de pages la personne a-t-elle lues, et comment l'a-t-elle choisi ?

1. Un homme a lu une biographie, qu'il n'a pas choisie suite à une émission de télévision. Il est allé moins loin que Liliane et plus loin que la personne qui lit de la romance.

2. La personne arrivée à la page 134 n'a pas trouvé son livre en flânant dans les rayons d'une librairie, et ce n'est pas un policier.

3. Nathan a lu une critique dans une revue, il est arrivé plus loin que Josepha qui se délecte d'une romance et n'a pas été conseillée par un ami.

4. La personne qui a été conseillée par un ami a lu plus de pages que Maurice et moins que la personne qui lit un roman policier.

Prénom	Sujet	Support	Pages lues

28-Le calendrier des éboueurs

Tous les ans, les éboueurs de Vincennes (Val-de-Marne) proposent leur calendrier contre une petite pièce pour leurs étrennes. Qui a donné combien, dans quelle rue habitent-ils et à quel numéro ?

1. Monsieur Bernard a donné plus que la personne du n° 11.

2. Madame François n'est pas la personne qui habite rue Daumesnil et qui n'a donné que 1 € ni celle qui habite au n° 2, rue Diderot.

3. Monsieur Charpentier a donné 2 €.

4. Madame Durand habite au n° 27.

5. La personne qui a donné 3 € habite au n° 34, mais pas rue de Montreuil.

Rue	Numéro	Nom	Somme donnée

29-« Ave Caesar, morituri te salutant ! »

C'est avec cette phrase (« Salut, César, ceux qui vont mourir te saluent ! ») que les gladiateurs romains se présentaient dans l'arène. Quatre gladiateurs ont combattu plusieurs fois victorieusement dans le grand cirque de Rome. Comment les nomme-t-on, quelle est leur origine, leur fonction, et combien de combats ont-ils remportés ?

Mirmillon : porteur d'une épée et d'un grand bouclier, il combat contre le rétiaire ; *Provocator* = gladiateur débutant, qui combat le premier ; *Rétiaire* : combat avec un filet et un trident ; *Secutor* : porteur d'un casque, d'un glaive et d'un grand bouclier.

1. Le Gaulois Callimorphos a gagné plus de combats que Fulgur, qui n'est pas mirmillon et n'est pas d'origine thrace.
2. Le rétiaire Carthaginois a fait mieux qu'Ursus.
3. Le mirmillon a gagné plus de fois que le Samnite, qui n'est pas provocator.
4. Fulgur a gagné moins de combats que le secutor.

Nom	Origine	Fonction	Combats gagnés
Callimorphos	Gaulois	Mirmillon	6
Fulgur	Carthaginois	Rétiaire	4
Nicephoros	Samnite	Secutor	5
Ursus	Thrace	Provocator	3

30-Foire aux vins

À Paris, le salon des vignerons bat son plein. Cinq amateurs de bons crus sont venus chercher de quoi garnir leur cave. D'où viennent-ils, à quelle heure sont-ils arrivés et quel vin ont-ils choisi ?

1. Charles n'est pas venu à 11 heures et n'a pas choisi un Champagne.
2. Bernard a choisi un Côtes du Rhône. Il est venu avant 14 h.
3. Celui qui venait de Vincennes est venu 2 heures avant celui de Créteil.
4. Étienne est arrivé une heure après l'amateur de Médoc et deux heures après l'habitant de Pontoise qui a préféré un Bourgogne.
5. L'amateur de Saumur est arrivé à 12h, juste après l'habitant de Boulogne.
6. André n'a pas choisi un Médoc.

Visiteur	Ville	Vin	Heure
Charles	Pontoise	Bourgogne	10 heures
Daniel	Boulogne	Médoc	11 heures
Étienne	Vincennes	Saumur	12 heures
Bernard	Argenteuil	Côtes du Rhône	13 heures
André	Créteil	Champagne	14 heures

31-Au Musée du Louvre

Quatre jeunes lycéennes ont visité le Musée du Louvre. Elles ont été particulièrement éblouies par quelques tableaux de grande taille. Qui a préféré quel tableau, quelles en sont les dimensions, et de qui est-il ?

1. Le tableau le plus grand est « Le Sacre de Napoléon ». Il n'est pas de Rigaud et n'est pas le préféré de Nicole qui a beaucoup aimé le Watteau.

2. Le portrait de Louis XIV est le préféré d'Évelyne. Il est plus grand que le Watteau et n'est pas de Delacroix, dont le tableau est plus petit que celui de David, le préféré de Pauline.

3. Le tableau préféré de Marie-France est plus grand que celui de Rigaud et que « L'Embarquement pour Cythère ».

Visiteuse	Tableau	Dimensions	Peintre

32-Les vacances du Superintendent

Le Superintendent Rockwell, de Scotland Yard, passe quelques jours de congé dans sa maison du Wiltshire, près des alignements d'Avebury. Il a rencontré ou rendu visite à plusieurs amis. Qui est-il allé voir, quel jour et par quel moyen de transport ?

1. La première visite du Superintendent fut pour son ami le juge Seamus Casey-Wynford. Sa maison n'étant pas loin de la sienne, il s'y est rendu à pied.

2. L'inspectrice Sheila Rebbott fut toute contente de revoir le Superintendent au poste de police de Swindon. C'était l'avant-veille du jour où, se promenant à cheval près d'Avebury, il a rencontré Alice Cowell et son mari.

3. Un ami l'a emmené dans sa voiture chez un pépiniériste de Marlborough, où il fut très bien servi par un jeune homme qu'il connaissait, le lendemain du jour où il est allé à Swindon.

Ami(e)	Ville	Transport	Jour

33-Choisir un film

Julien et Anne-Marie ont envie de passer une soirée tranquille avec un plateau télé. Mais le tout est de choisir un bon film ! Sur cinq, ils en éliminent quatre. Quels sont les films, qui en est l'acteur principal, quelles sont leurs appréciations et sur quelle chaîne passent-ils ?

1. Le film passant sur Ciné-Folies n'avait pas une mauvaise critique et l'acteur principal n'était pas Albert Nick, qu'Anne-Marie n'aime pas.

2. Anne-Marie et Julien avaient déjà vu « Angoisses » sur Télé-Rêves.

3. Bill Vezée joue dans le film passant sur Actua, qui n'est pas « Bonjour, mignonne ».

4. Écran Bleu passait « Le cadavre bavard ». Nos amis ne choisirent pas ce film, où ne jouait pas Charles Hattan.
Ils n'optèrent pas non plus pour « Sierra sanglante », où jouait Marc Ize.

5. Albert Nick n'est pas la vedette du film qui passait sur Écran Bleu.

	Angoisses	Bonjour, mignonne	Le cadavre bavard	Sierra sanglante	Le tueur de la plage	Albert Nick	Bill Vezée	Charles Hattan	Marc Ize	Théo Lien	N'aime pas	Déjà vu	Choisissons celui-ci	Mauvaise critique	Trop violent
Actua															
Ciné-Folie															
Ciné-Vogue															
Écran Bleu															
Télé-Rêves															
N'aime pas l'acteur															
Déjà vu															
Choisissons celui-ci															
Mauvaise critique															
Trop violent															
Albert Nick															
Bill Vezée															
Charles Hattan															
Marc Ize															
Théo Lien															

Chaîne	Film	Acteur principal	Avis

34-Élégantes à lunettes

Il n'est pas toujours drôle pour des jeunes de devoir porter des lunettes. Alors, autant en choisir de jolies ! Ces cinq jeunes filles ont choisi différents modèles : quels sont leurs prénoms, où habitent-elles, de quelle couleur sont les montures ?

1. Annie n'a pas 14 ans et n'a pas choisi des lunettes dorées ou roses. Elle habite Rue Lamartine.
2. Celle de 18 ans a choisi une monture rose. Ni elle ni celle qui a choisi une monture dorée n'habitent rue Ronsard.
3. Diana a choisi des montures vertes. Elle n'habite pas rue Molière ni avenue Émile Zola, non plus que celle qui a choisi des montures dorées.
4. Évelyne a 16 ans, elle n'habite pas rue Molière.
5. Celle qui a 14 ans n'a pas pris des montures bleues ni dorées.
6. Vanessa n'a pas 20 ans.
7. Ni celle de 12 ans ni celle de 16 ans n'ont pris des montures bleues, qui ne furent pas choisies par celle habitant rue Lamartine, ni celle habitant Avenue Émile Zola.

Prénom	Âge	Couleur de monture	Rue

35-Chats hellénistes

Lors d'une exposition féline, cinq maîtresses de chats s'aperçoivent que, férues d'antiquité grecque, elles ont donné à leur chat le nom d'un célèbre écrivain grec. À qui appartient quel chat, quel est son nom, et quel est son âge ?

1. Sophocle, qui a 6 ans, n'est ni un bengali ni un chartreux et n'appartient pas à Jeanine.
2. Rosine a un chat de 3 ans, qui n'est pas un bengali.
3. Pindare est un scottish fold.
4. Le chartreux appartient à Nadia, il n'a pas 4 ans.
5. Callinos, le chat d'Olga, n'a pas 2 ans, l'âge du persan.
6. Hérodote n'a pas 5 ans.

Maîtresse	Nom du chat	Race du chat	Âge du chat
Jeanine	Hérodote	Persan	2 ans
Nadia	Eschyle	Chartreux	5 ans
Olga	Callinos	Bengali	4 ans
Priscilla	Sophocle	Maine Coon	6 ans
Rosine	Pindare	Scottish Fold	3 ans

36-Commandes de vêtements

Annie, secrétaire chez un grossiste en vêtements de la banlieue parisienne, a reçu plusieurs commandes. Quels vêtements ont été commandés, à quelle heure, en quelle quantité et pour quelle ville ?

1. Le magasin de Courbevoie a effectué une commande à 9 h 45, mais pas pour 350 unités.
2. La commande de 14 h 35 ne concernait pas des vestes.
3. Le magasin à Montrouge a commandé plus de 200 pantalons.
4. Il y a eu une commande de 300 costumes.
5. À 9 h 30, on a commandé 200 unités.
6. La commande de 10 h ne venait pas du magasin de Boulogne, qui a commandé 400 unités.
7. La commande de 15 h concernait des jupes, moins de 350, et pas pour le magasin de Levallois.

Heure	Ville	Article	Quantité
9 h 30	Levallois	Vestes	200
9 h 45	Courbevoie	Costumes	300
10 h	Montrouge	Pantalons	350
14 h 35	Boulogne	Chemises	400
15 h	Asnières	Jupes	250

37-La Marine Nationale

Ces 5 bateaux font partie de la marine nationale. Quelle est leur année de lancement, leur nom, leur fonction, et quelle est leur ville marraine ?

1. Le bateau parrainé par Roscoff fut lancé avant la frégate de défense aérienne parrainée par Nantes et plus tard que l'Andromède.
2. Le chasseur de mines fut lancé juste après le navire-école.
3. Le remorqueur de sonars fut lancé en 1994, il n'est pas parrainé par Libourne.
4. Le La Pérouse n'est parrainé ni par Nantes ni par Issy, qui parraine un chasseur de mines lancé juste après le navire-école, qui n'est pas le Chevalier Paul. Celui-ci fut lancé plus tard que le bâtiment hydrographique.
4. Le bateau lancé en 2011 n'est pas l'Altaïr parrainé par Roscoff, qui fut lancé 12 ans après le Léopard, qui n'est pas un bâtiment hydrographique.
5. La ville d'Albi parraina un navire plus tard que l'Andromède.

Année	Nom	Fonction	Ville marraine

38 - SMS de week-end

Cinq jeunes sont partis pour quelques jours de vacances voir de la famille. On n'oublie pas les copains : ils ont envoyé beaucoup de SMS à leur meilleur(e) ami(e). Qui habite dans quelle ville, où sont-ils allés et à qui ont-ils envoyé des messages ?

1. Des trois jeunes filles, l'une était à Cannes, une autre a envoyé un SMS à Alain et la troisième habite à Pontoise.
2. Brigitte habite à Reims, mais n'a pas envoyé de message à Henri.
3. Celui ou celle habitant à Chartres s'est ennuyé(e) à Deauville : « Il ne fait que pleuvoir ! » disait son premier SMS. Il n'était pas adressé à Nadine, qui a reçu un message de Grégoire.
4. Juliette n'est pas allée à Vézelay.
5. Charlie est allé voir ses cousins à Bordeaux. Il n'habite pas à Beauvais.
6. L'habitant(e) de Pontoise n'est pas allé à Annecy.
7. La personne qui habite à Évreux a reçu un SMS de Catherine.

Solution

Prénom	Villégiature	Correspondant	Habitation
Brigitte	Cannes	Louis	Reims
Charlie	Bordeaux	Catherine	Évreux
Grégoire	Annecy	Nadine	Beauvais
Juliette	Deauville	Alain	Chartres
Lorena	Vézelay	Henri	Pontoise

39-Agility Dog

L'Agility Dog est un sport, inspiré du concours hippique, où un chien doit exécuter un parcours semé de différents obstacles, guidé par son maître, mais uniquement à la voix ou au geste, sans contact. Pour cette finale, les cinq chiens restant en lice ont tous commis une faute. À quel obstacle l'ont-ils commise, comment s'appellent-ils, quelle est leur race et quel a été leur classement final ?

1. Snoopy, le border collie, est arrivé dans les 3 premiers. Il n'a pas fait de faute sur la balançoire.
2. Rantanplan a eu des problèmes sur la passerelle. Il n'est pas un bouvier bernois et n'a pas fini dernier.
3. Le gagnant n'a pas fait de faute sur une haie.
4. Le chien arrivé 3e, pas Attila, a commis une faute sur la balançoire.
5. Le labrador n'est pas arrivé second, ni après Jupiter.
6. Le berger allemand a raté le slalom.
7. Le berger des Shetlands, qui n'est arrivé ni second ni troisième, n'a pas fait de faute sur la haie ni la passerelle.
8. Attila est arrivé après celui qui a raté le passage de pneu.
9. Titus n'est pas un bouvier bernois.

Nom du chien	Race	Obstacle	Classement
Rantanplan	Labrador	Passerelle	1er
Snoopy	Border Collie	Haie	2e
Jupiter	Bouvier bernois	Balançoire	3e
Titus	Berger des Shetlands	Pneu	4e
Attila	Berger allemand	Slalom	5e

40-Entreprise de déménagement

L'entreprise de déménagement que Didier a ouverte à Nantes démarre bien : la semaine dernière, il y a eu un déménagement par jour. Quelle famille habitait dans quelle rue, et où sont-ils allés habiter ?

1. Le déménagement de la Rue Costes et Le Bris n'a pas eu lieu le vendredi.
2. Les locataires de la Rue Haute Roche ont déménagé le lendemain de ceux qui se sont installés à Ancenis et la veille des Fournier.
3. On n'a pas quitté la rue Paul Bellamy pour Paimboeuf.
4. Les Dubois sont partis pour La Baule le lendemain des locataires de la rue Paul Bellamy et le surlendemain de ceux du Boulevard Lelasseur.
5. La famille habitant Boulevard Lelasseur est partie pour Savenay deux jours après les Boyer.
6. Les Guimet n'habitaient pas Boulevard Lelasseur ni Rue Haute Roche.

Nom	Adresse	Destination	Jour

41 - Voyage en Afrique

Cinq personnes ont séjourné en Afrique pour leur travail. Quel est celui-ci, quel pays ont-ils visité et pendant combien de jours ?

1. Monique, qui n'est ni transporteur ni zoologue, s'est rendue au Malawi pour moins de temps que la personne qui est allée au Sénégal.
2. André est parti 3 jours de moins que la personne qui est allée en Côte d'Ivoire et qui n'est pas Diane.
3. La personne partie 16 jours, qui n'est pas transporteur, n'est pas allée en Namibie.
4. Pierre est parti pour moins de temps que le photographe.
5. La personne qui est médecin est allée au Kenya pour 3 jours de plus que Julien.

Prénom	Pays	Nombre de jours	Travail
André	Namibie	14 jours	Transporteur
Diane	Kenya	20 jours	Médecin
Julien	Côte d'Ivoire	17 jours	Photographe
Monique	Malawi	12 jours	Producteur de cinéma
Pierre	Sénégal	16 jours	Zoologue

42 - Hier et Aujourd'hui

Un habitant de Crépigny-les-Chevrettes a trouvé une carte de la ville datant de 1820. Les noms des rues ont changé ! Ainsi que les bâtiments qui s'y trouvaient ... Quel était l'ancien nom de chaque rue, quel en est le nouveau, quel bâtiment s'y trouvait autrefois, et qu'y a-t-il au même endroit aujourd'hui ?

1. La rue du Gibet est devenue la Rue du Marché, où il n'y a pas d'arrêt d'autobus.
2. La rue du Canal n'est pas devenue la rue du Château ni l'Avenue de la République.
3. Il y avait un relais de Poste Passage de l'Enfer, qui n'est pas devenu l'Impasse Montaigne et où n'est pas l'Hôtel des Familles.
4. L'arrêt d'autobus est sur l'emplacement d'une ancienne école.
5. L'Avenue de la République, où se trouvait une menuiserie, n'était pas l'Allée des Roses.
6. Dans la Rue Victor Hugo se trouve aujourd'hui une galerie marchande.
7. La Mairie se trouve rue du Château, qui ne s'appelait pas Passage de l'Enfer et où n'était pas la prison.
8. L'Hôtel des Familles est sur l'emplacement de l'ancienne prison.

	Jardin du Prieuré	École	Relais de poste	Menuiserie	Prison	Impasse Montaigne	Rue du Château	Rue Victor Hugo	Rue du Marché	Avenue de la République	Arrêt d' autobus	Hôtel des Familles	Mairie	Galerie marchande	Piscine
Rue de l'Atelier															
Rue du Canal															
Rue du Gibet															
Allée des Roses															
Passage de l'Enfer															
Arrêt d'autobus															
Hôtel des Familles															
Mairie															
Galerie marchande															
Piscine															
Impasse Montaigne															
Rue du Château															
Rue Victor Hugo															
Rue du Marché															
Avenue de la République															

Rue ancienne	Bâtiment ancien	Rue actuelle	Bâtiment actuel

43-Loisirs dijonnais

Cinq habitants de la Côte-D'Or habitent près de Dijon, où ils travaillent, et ont un loisir. Qui habite dans quelle ville ou village, quelles sont les professions de chacun et quel est leur loisir favori ?

1. Fernand n'est pas pêcheur à la ligne.
2. L'habitant de Quetigny n'est pas ingénieur.
3. Colin, qui pratique l'alpinisme, n'est ni commerçant ni fonctionnaire.
4. L'avocat monte à cheval.
5. L'habitant de Crimolois est fonctionnaire. Il n'est pas viticulteur.
6. Alphonse habite à Bretonnière.
7. Fernand n'est pas commerçant, non plus que l'habitant d'Ahuy qui pilote un avion.
8. Diego est professeur.

Prénom	Ville	Profession	Hobby

44-Voitures d'occasion

Joe, un carrossier anglais, a vu défiler cinq clients célèbres venant d'acheter d'occasion une voiture qu'ils désiraient faire repeindre dans une couleur « flashy ». Quelles sont les professions de ces clients, quelle est la marque de leur voiture, de quelle couleur était-elle à l'origine et dans quelle couleur veulent-ils la faire repeindre ?

1. L'acteur n'avait pas une voiture grise ni ne voulait la faire repeindre en rouge.
2. Le publiciste est arrivé avec une Bentley.
3. Le client arrivé avec une Jaguar marron ne désirait pas la faire repeindre en violet.
4. La voiture blanche est repartie repeinte en orange.
5. L'Aston-Martin, qui n'était pas grise à l'origine, a été repeinte en or.
6. Le chanteur a amené une voiture verte.
7. Le footballeur a fait repeindre sa voiture en argent, elle n'était ni grise ni marron à l'origine.
8. La Rolls n'était pas noire et n'a pas été repeinte en argent.

Profession du client	Marque de la voiture	Avant	Après

45-Abbayes cisterciennes

L'ordre de Citeaux fut fondé en 1098 et compte en France 64 abbayes qui sont des sites à visiter. Dans quel département se situent ces 5 abbayes, en quelle année furent-elle fondées et par qui ?

1. L'abbaye de l'Oise fut fondée juste avant celle de la Sarthe et juste après celle fondée par Guy V, Seigneur de Laval, qui est en Mayenne.
2. L'abbaye qui se trouve dans la Meuse, qui n'est pas Chaalis, fut fondée en 1136, pas par la veuve de Richard Cœur de Lion, Bérangère de Navarre.
3. Saint Bernard de Clairvaux a fondé l'abbaye de Hautecombe juste avant celle située dans la Meuse.
4. L'abbaye de l'Epau ne fut pas fondée par Guy V ni par le moine Ricuin, et juste après Chaalis, qui n'est pas en Mayenne ni en Savoie et dont la fondation a suivi celle de Clairmont.
5. Des deux abbayes du 13ᵉ siècle, l'une fut fondée par le Sire de Mello, l'autre est en Sarthe. Ce n'est pas Clairmont, qui fut fondée après La Chalade.

Abbaye	Date	Fondateur/trice	Département
Chaalis	1219	Sire de Mello	Oise
Clairmont	1152	Guy V de Laval	Mayenne
L'Epau	1229	Bérangère de Navarre	Sarthe
La Chalade	1136	Ricuin, moine bénédictin	Meuse
Hautecombe	1135	Saint-Bernard de Clairvaux	Savoie

46-Éleveurs mayennais

Cinq couples d'éleveurs habitent en Mayenne, où beaucoup de lieux et de noms se terminent en « é ». Comment se prénomment-ils, quels animaux élèvent-ils et où habitent-ils ?

1. Bertrand habite à Chemazé.
2. Marie-Anne, qui n'est pas mariée à Jean-Louis, habite à Laigné.
3. Les fermiers d'Athée élèvent des moutons, Jean-Louis des chevaux.
4. Daniel est marié à Thérèse.
5. Ni Marcel ni Agnès n'habitent à Simplé, ils ne se connaissent pas.
6. Nicolas n'a pas de vaches et achète des œufs à des amis éleveurs de poules.
7. Bertrand n'est pas marié à Évelyne qui élève des poules.

Mari	Épouse	Habitation	Animaux

47-Jardiniers prédestinés

Vu leurs prénoms respectifs, il n'y a rien d'étonnant à ce que ces cinq personnes aiment le jardinage ! Tous ont profité d'un long week-end pour vaquer à cette occupation. Quel jour ont-ils/elles choisi, combien de temps ont-ils/elles passé et quelles fleurs ont-ils/elles planté ce jour-là ?

1. On a passé 1 heure de plus pour les crocus que pour la plantation du samedi.
2. Narcisse n'a pas jardiné lundi, Rose n'a pas planté des lupins.
3. Marguerite a planté des mauves le vendredi. Cela lui a pris plus de temps que pour Lin, qui a planté des crocus, mais ½ heure de moins que pour les freesias.
4. Capucine a jardiné dimanche.
5. On a jardiné pendant 2 h ½ le lundi.

Prénom	Fleur	Jour	Temps passé

48-Festival de danse de salon

Cinq couples ont gagné un championnat de danse de salon, chacun dans sa spécialité. Quels sont les noms des partenaires, quelle danse pratiquent-ils et dans quelle ville habitent-ils ?

1. Juliette ne danse pas le rock ni Hélène le tango.
2. Christian danse le tango. Il n'est pas d'Orléans, Juliette non plus.
3. Bernard danse la valse, mais pas avec Georgette ni Hélène.
4. Daniel ne danse pas la samba.
5. Juliette danse avec Félix.
6. Les champions de samba habitent Lille.
7. Les parisiens dansent la valse.
8. Daniel ne danse pas le rock et n'a pas pour partenaire Linda.
9. Ida et son partenaire, qui n'est pas Daniel, sont de Paris.
10. Linda n'habite pas Évreux ni Chartres.
11. Les danseurs de tango ne sont pas de Chartres.

	Georgette	Hélène	Ida	Juliette	Linda	Chartres	Évreux	Lille	Orléans	Paris	Java	Rock	Samba	Tango	Valse
Bernard															
Christian															
Daniel															
Ernest															
Félix															
Java															
Rock															
Samba															
Tango															
Valse															
Chartres															
Évreux															
Lille															
Orléans															
Paris															

Danseur	Danseuse	Ville	Danse

49-Cuisine et Hi-Fi

Un magasin spécialisé fait une offre intéressante différente chaque jour de la semaine. Cinq clients, venus acheter un appareil ou un accessoire audio, se sont laissés tenter par un appareil culinaire. Quel jour chacun de ces clients est-il venu et quels appareils audio et culinaires ont-ils achetés ?

1. Paola avait besoin d'un bon micro. Elle est venue la veille de l'achat du mixer, mais 2 jours après Christian.
2. La cafetière était en promotion jeudi.
3. L'ouvre-boîte électrique n'a pas été acheté mercredi.
4. Annie est venue soit le mercredi soit le vendredi, et la veille ou le lendemain du jour où est venue la personne qui a acheté un radio-réveil.
5. La personne qui a acheté un casque n'a pas acheté de grille-pain.
6. Un(e) client(e) a acheté une radio CD le mardi, ce n'est pas Louis, qui n'est pas non plus la personne qui a acheté un radio-réveil et qui s'est offert une bouilloire.

Client(e)	Appareil audio	Appareil culinaire	Jour

50-Restaurateurs auvergnats

Ces restaurateurs ont soigneusement conservé les traditions culinaires de leur Auvergne natale. Pour leurs restaurants, ils ont eu besoin d'embaucher un apprenti. Comment se nomme le restaurant de chacun, quelle est sa spécialité, et comment se nomme l'apprenti engagé ?

1. La spécialité de Mabel n'est pas l'Aligot, qui n'est pas non plus celle de la personne qui a engagé José. Ni Mabel ni José ne travaillent au Terroir, Bastienne non plus.
2. La spécialité d'Aimable est le boudin aux pommes.
3. La spécialité de « Chez Mamie » est le chou farci.
4. Daniel a été embauché par Antonin qui ne lui a pas appris à cuisiner l'Aligot.
5. Catherine a été engagée par un spécialiste des Tripoux.
6. Thérèse a été engagée à l'Aubrac, dont la spécialité n'est ni la Potée auvergnate ni l'Aligot.
7. Gérard tient le restaurant « Le Puy ».

	Catherine	Daniel	José	Nicolas	Thérèse	Aligot	Boudin aux pommes	Chou farci	Potée auvergnate	Tripoux	L' Aubrac	Le Bon Coin	Chez Mamie	Le Puy	Le Terroir
Aimable															
Antonin															
Bastienne															
Gérard															
Mabel															
L'Aubrac															
Le Bon Coin															
Chez Mamie															
Le Puy															
Le Terroir															
Aligot															
Boudin aux pommes															
Chou farci															
Potée auvergnate															
Tripoux															

Restaurateur	Apprenti	Spécialité	Restaurant

51-Livraison rapide

Hervé est livreur pour une grande enseigne d'e-commerce. Ce matin, il a entre autres livré des commandes à 5 clients habitant dans la banlieue sud-ouest de Paris. Qui habite dans quelle ville, qu'a-t-il commandé, et à quelle heure Hervé est-il arrivé pour la livraison ?

1. Les DVD n'ont pas été livrés à 11h30.
2. Les livres ont été livrés juste après le(la) client(e) de Clamart, mais juste avant la commande de Fatima.
3. Les CD n'ont pas été livrés à Meudon.
4. Bernard habite Malakoff, sa commande a été livrée ½ heure après les CD et 1 heure après l'ordinateur livré à Montrouge, que n'a pas commandé Jean-Louis et qui a été livré 1 heure après Annie.
5. Jean-Louis n'a pas commandé de livres.

Client	Commande	Ville	Heure

52-Mon smartphone

Cinq jeunes ont enfin obtenu le cadeau qu'ils désiraient : un téléphone portable doté de tous les derniers perfectionnements. Quel est le nom de ces jeunes, quelle est la couleur du téléphone, quel jour l'ont-ils reçu et par quels chiffres se termine leur numéro ?

1. La jeune fille qui a eu un téléphone vert n'a pas un numéro se terminant par 56.
2. Un garçon a reçu un téléphone bleu, après le rouge, mais avant le vert.
3. Charles et Brigitte ont des numéros impairs.
4. Albert a reçu son téléphone le jeudi.

5. Les téléphones noir et vert ont des numéros pairs, mais pas le 56.
6. Le téléphone blanc, arrivé le lundi, a un numéro plus grand que le noir, qui a été livré à une jeune fille le mardi.
7. Hélène a reçu son téléphone le vendredi, son numéro est plus grand que celui du téléphone blanc qui n'est pas à Charles.

Prénom	Couleur	Jour	Numéro

53-Piano à quatre pattes…

Durant l'audition de la classe de piano de Monsieur Kramer se sont produits cinq groupes de jeunes virtuoses, dans des œuvres pour piano à quatre mains. Quels sont les prénoms des élèves composant ces duos, qui a joué quel morceau, et quelle en était la durée ?

1. Le morceau joué par Fadila et celui de Schubert durent tous deux plus de 4 minutes.
2. Irène et André n'ont pas joué du Fauré ni du Schubert. Leur morceau a duré plus de 5 minutes.
3. L'œuvre de Brahms dure 5 minutes.
4. Eugène a joué un morceau de 7 minutes, plus long que celui joué par Fadila ou que l'œuvre de Mozart.
5. Charles a joué du Beethoven, mais pas avec Geneviève.
6. Harriett a joué du Fauré, pas avec Bernard, et son morceau a duré moins de 6 minutes.

Garçon	Fille	Compositeur	Durée

54-Hubert et ses râteaux

Hubert, qui travaille dans une grande entreprise, est connu pour être un séducteur invétéré… du moins le croit-il ! Il a beau se prendre, comme l'on dit « un râteau » à chaque tentative, il a entrepris d'obtenir un rendez-vous de collègues chaque jour de cette semaine. Qui a-t-il tenté de séduire, quel jour, quelles sont ses fonctions dans l'entreprise, et quel prétexte donna-t-on pour couper court à ses boniments ?

1. Lundi, la jeune femme objecta qu'elle avait pris rendez-vous pour une leçon de conduite. Elle n'est pas graphiste.

2. Brenda, qui ne fut pas abordée par Hubert vendredi, n'est pas la secrétaire du directeur qui a prétexté une répétition de chorale. Celle-ci n'est pas Lisa, dont la mère est décédée.

3. L'informaticienne abordée jeudi n'avait pas « une visite à l'hôpital ».

4. Virginie n'est ni graphiste ni informaticienne. Quand Hubert insista pour l'inviter, elle prétexta d'un rendez-vous chez le médecin, mais alla aussitôt se plaindre au directeur, dont la secrétaire avait été importunée la veille, et qui, avec Sabrina, la directrice des ventes, convoqua Hubert pour lui signaler que l'entreprise n'était pas un site de rencontres.

	Brenda	Coralie	Lisa	Sabrina	Virginie	Graphiste	Informaticienne	Réceptionniste	Secrétaire du directeur	Directrice des ventes	Répétition chorale	Leçon de conduite	Visite à l'hôpital	Anniversaire de Maman	Rendez-vous de médecin
Lundi															
Mardi															
Mercredi															
Jeudi															
Vendredi															
Répétition de Chorale															
Leçon de Conduite															
Visite à l'hôpital															
Anniversaire de Maman															
Rendez-vous de médecin															
Graphiste															
Informaticienne															
Réceptionniste															
Secrétaire du directeur															
Directrice des ventes															

Jour	Prénom	Fonction	Prétexte

55-Jean-Sébastien Bach

J.S.Bach (1685-1750) a occupé plusieurs postes d'organiste et de chef de chœur dans diverses villes d'Allemagne. Son œuvre est classée par numéros dans le catalogue BWV (« *Bachs Werke Verzeichnis* ») établi par Wolfgang Schmieder vers 1950, mais les œuvres y sont classées par genres et non dans l'ordre chronologique. Où le *Cantor* composa-t-il chacun des œuvres suivantes, à quelle date et quel est son numéro ?

1. À Dresde, Bach composa une *Passacaille et Fugue* pour orgue. Son numéro n'est pas 603 ni 812 et ce n'était pas en 1708.

2. La Cantate BWV 4, écrite avant 1716, n'a pas été écrite à Köthen où le furent les *Suites Française,* ni à Leipzig ou Weimar.

3. Le *Magnificat,* écrit juste après le n°812 porte un numéro inférieur à celui de l'œuvre écrite à Dresde.

4. Le n° 603 date de 1708, l'œuvre n'a pas été écrite à Köthen où Bach séjourna après Weimar et Dresde, mais avant Leipzig.

Ville	N° Catalogue	Œuvre	Date

56-Tribus Indiennes

Au 18e siècle, aux États-Unis, cinq trappeurs sont devenus amis avec des Indiens d'une tribu locale. Quel est le nom de chaque trappeur, quel est celui du chef indien rencontré, de quelle tribu est-il et en quel mois ont-ils fait connaissance ?

1. Phillip a rencontré le chef d'une tribu en mai. Ce n'était pas Arbre-agité-par-le-vent, qui n'est pas un Navajo.

2. Bison Furieux est un Huron, il n'a pas rencontré un trappeur en août, et pas Lewis.

3. Petit-Cheval-Trottant a fait une rencontre un mois après le chef Cheyenne, qui n'est pas Chien-Fou, et deux mois après le Sioux, rencontré par Albert.

4. Le chef Comanche fut rencontré en Juin.

5. John a rencontré un chef indien un mois après Phillip.

Chef Indien	Trappeur	Tribu	Mois

57-Mails de vacances

On n'envoie plus guère de cartes postales ! Les mails et SMS y ont suppléé... Cinq jeunes en vacances ont envoyé un mail à un ou une de leurs amis, avec en pièce jointe une photo ou une illustration. Qui a envoyé quoi à qui, et où résident leurs amis ?

1. Des 3 jeunes filles qui ont envoyé un mail, l'une a envoyé une photo de paysage, une autre a écrit à Bernard et la troisième a écrit à quelqu'un de Pontoise.
2. Agnès a écrit à quelqu'un de Saint-Quentin, qui n'est pas Hervé.
3. Un(e) jeune habitant Le Mans a reçu un mail illustré par une belle sculpture.
4. Ce n'était pas Noémie, qui a reçu un mail de Daniel.
4. Évelyne n'a pas envoyé un tableau.
5. Charly n'avait pas d'idée, il a rempli son mail d'émoticônes. Il n'était pas destiné à quelqu'un habitant Caen.
6. Le mail arrivé à Pontoise ne représentait pas des animaux.
7. Diane habite Lille.

Expéditeur	Illustration	Destinataire	Ville

58-Remboursez !

Cinq personnes ont fait faire des travaux par des entreprises qui ne leur ont pas donné satisfaction, aussi ont-elles refusé de les régler et ont-elles porté plainte pour malfaçon, réclamant le remboursement des acomptes déjà versés. Qui s'est adressé à quelle entreprise, pour quels travaux, et combien ont-ils versé en acompte ?

1. S.A.Mix a posé des fenêtres qui ne ferment pas, mais pas chez Catherine.

2. Maison Neuve a travaillé – fort mal – pour Flavien, pas pour de la plomberie, qui n'était pas non plus en charge de l'entreprise Le Clou d'Or..

3. « Et j'ai payé 600 € pour *ça !* » s'est exclamé un homme.

4. On a payé à Fétout moins que pour la plomberie, mais plus que Catherine.

5. Un homme a refusé de payer 500€. Ce n'était pas pour du jardinage, fait pour une femme.

6. Une femme a payé 400 €.

7. Eugène a été content de ce que la malfaçon des électriciens n'ait pas provoqué d'incendie.

8. André a versé 450 € d'acompte.

Client	Entreprise	Travaux	Acompte

59-Ancêtres peu recommandables

Les recherches généalogiques peuvent recéler des surprises désagréables ! Parmi leurs ancêtres d'origine néerlandaise, ces cinq jeunes femmes ont découvert des individus peu recommandables. Qui porte quel nom, descend de quel ancêtre, et quelle fut la « profession » de l'individu ?

1. Geert, qui n'était pas pirate, est l'ancêtre de Gerda.
2. Wouter n'est pas un ancêtre de la famille Christiaens ou Evrard.
3. Antje s'est découvert un ancêtre cambrioleur, qui ne s'appelle pas Erwin.
4. D'Erwin, Kasper et Wouter, l'un fut un pirate, un autre est de la famille Broucke, le troisième fut un faussaire ancêtre de Hilda.
5. Jan fut un bandit de grand chemin.
6. Marieke ne s'appelle pas De Coster et n'est pas descendante d'Erwin.
7. Johanna Arimont ne descend pas d'un pirate.
8. L'empoisonneur n'est pas de la famille De Coster ou Evrard.

Prénom	Nom	Ancêtre	« Profession » de l'ancêtre

60-« Quitte ou Double ? »

Il s'agit d'une émission radiophonique hebdomadaire sur Radio-Luxembourg présentée principalement par Zappy Max dans les années 1950-1960, reprise sur RTL par Jean-Pierre Foucault en 2001. Les candidats choisissaient un domaine de connaissance sur lequel on leur posait des questions qui leur permettaient de gagner une certaine somme. S'ils répondaient juste, ils pouvaient dire « double » et doubler leurs gains en répondant à une question plus difficile. L'un des grands vainqueurs fut l'Abbé Pierre.

Cinq personnes se sont présentées au jeu. De qui s'agit-il, dans quelle catégorie ont-ils concouru, quelle somme ont-ils gagnée (en Francs) et dans quelle ville habitent-ils ?

1. L'habitant(e) de Pau a gagné 64 000F ; la personne qui a concouru en catégorie « sport » a gagné 256 000F.
2. La personne habitant Orléans n'a pas concouru en « Musique Classique ».
3. Brigitte a gagné 16 000F.
4. La personne qui a concouru en « Musique Classique » a gagné moitié moins qu'Albert, mais le quadruple de l'habitant(e) de Besançon, qui a concouru en « Histoire » et n'est pas Daniel.
5. Christiane a concouru en catégorie « Littérature » et a gagné 2 fois plus qu'Eugène, qui n'est pas de Pau et n'a pas concouru en « Chimie ».
6. L'habitant(e) de Chambéry n'a pas concouru en « Sport » et n'a pas gagné 128 000F.

Somme	Prénom	Ville	Catégorie
16 000 F	Brigitte	Chambéry	Chimie
32 000 F	Eugène	Besançon	Histoire
64 000 F	Christiane	Pau	Littérature Française
128 000 F	Daniel	La Rochelle	Musique Classique
256 000 F	Albert	Orléans	Sport

Solutions

1. Numismate, penduluphile ou philatéliste ?

Nom	Âge	Objets	Ville
Julien	57	Monnaies	Lille
Louis	60	Pendules	Tarbes
Michel	64	Timbres	Alençon

2. Le chat de la famille.

Mari	Femme	Âge chat	Nom chat
Daniel	Evelyne	5 ans	Gribouille
Georges	Simone	4 ans	Napoléon
Martin	Thérèse	3 ans	Chipie

3. Les animaux vedettes.

Animal	Nom	Produit	Chaîne
Chat	Tango	Lessive pour lainages	1
Chien	Loustic	Pantoufles	5
Cheval	Odin	Livraisons rapides	3
Corbeau	Prosper	Bonbons au miel	4
Lion	Darius	Visite chez le dentiste	2

4. Lecture pour tous…

Prénom	Lecture	Support	Temps de trajet
Aurélie	Policier	Tablette	1 heure
Juliette	Amour	Livre papier	40 minutes
Nicolas	Revue	Liseuse	45 minutes
Théodore	Classique	Téléphone portable	30 minutes

5. Monopoly.

Nom	Pion	Sur la case :	A acheté :
Bruno	Voiture	Avenue de Breteuil	Rue de Paradis
Carole	Oiseau	Prison	Gare de Lyon
Maeva	Cheval	Parc gratuit	Compagnie d'électricité
Steven	Tour	Rue La Fayette	Rue de Courcelles

6. Facebook canin.

Maîtresse du chien	Nom du chien	Race du chien	Âge du chien
Agnès	Filou	Bichon maltais	6 ans
Carmen	Ajax	Cavalier King Charles	4 ans
Danièle	Moustique	Yorkshire	5 ans
Ella	Pyrrhus	Chihuahua	3 ans

7. Nœuds papillon.

Ville	Autre accessoire	Motifs	Nombre
Angers	Foulard	Étoiles	12
Dunkerque	Cravate	Dessins animés	5
Grenoble	Ceinture	Drapeaux	10
Limoges	Bretelles	Fleurs	7

8. Niccolò Paganini.

Compositeur rencontré	Ville	Mois	Année
Liszt	Paris	Avril	1832
Mendelssohn	Berlin	Mars	1829
Schumann	Weimar	Mai	1831
Spohr	Kassel	Juin	1830

9. Les Fjords de Norvège.

Ville	Guide	Lieu	Durée
Bordeaux	Vilde	Sognfjord	1 heure
Lille	Freda	Alden	45 min.
Rouen	Eirik	Fedje	15 min.
Saint Étienne	Sander	Utvaer	30 min.

10. Les lémuriens.

Nom	Ville	Espèce	Photos
Christian	Paris	Microcèbe	25
Danièle	Saint-Maur	Aye-Aye	20
Karim	Pontoise	Indri	15
Marina	Asnières	Chrisogale	10

11. Les cavaliers de l'Empire.

Nom	Cheval	Arme	Âge
François	Jupiter	Dragon	24 ans
Gérard	Cartouche	Artilleur	28 ans
Hubert	Patrocle	Cuirassier	26 ans
Ignace	Danseur	Hussard	22 ans

12. Rêvons un peu…

Prénom	Moyen de transport	Pays	Nombre de grilles
Agnès	À pieds	Népal	2
Bernard	En 4x4	Australie	4
Catherine	En traîneau	Groenland	3
Daniel	En bateau	Norvège	1

13. « Apporte ! »

Voisin	N°	Rue	Objet
Charles	3	Passage Lamartine	Balle
Karim	5	Impasse Diderot	Clefs
Manuel	17	Av. des Cèdres	Portefeuille
Patrice	11	Rue des Roses	Étui à lunettes

14. Métempsychose.

Prénom	Réincarnation	Pourquoi ?	Couleur
Aline	Oiseau	Voyager	Blanc
Christian	Fleur	Être admiré	Bleu
Karim	Arbre	Vivre 1000 ans	Rose
Sophia	Chat	Dormir	Noir

15. Prix littéraires au féminin.

Auteur	Prix	Année	Ordre
Marguerite Duras	Goncourt	1984	3ème
Suzanne Prou	Renaudot	1973	4ème
Christiane Rochefort	Médicis	1988	1er
Marguerite Yourcenar	Femina	1968	2ème

16. Soir de match = pizza !

Rue	Étage	Pizza	Heure
Rue Galliéni	2ème	4 Saisons	19h45
Avenue Victor Hugo	Rez-de-Chaussée	Napolitaine	20h30
Boulevard Jean Jaurès	4ème	Regina	20h15
Route de la Reine	1er	Pêcheur	20h

17. « Les comptes fantastiques d'Haussmann »

Architecte	Dates de vie	Réalisation	Date
Jean-Charles Alphand	1817-1891	Parc Montsouris	1869
Eugène Belgrand	1810-1878	Égouts de Paris	1854
Gabriel Davioud	1823-1881	Théâtre du Châtelet	1862
Jacques-Ignace Hittorff	1792-1867	Cirque d'Hiver	1852

18. Star Wars XXXX….

Combattants	Astéroïde	Ennemi	Cause
Wangy	A47	Nekath	Fuite ennemi
Xenia	B68	Parenn	Panne moteur ennemi
Yorath	C53	Jogh	Renforts arrivés
Zaneth	D07	Armag	Orage magnétique

19. La première Croisade.

Chevalier	Promise	La retrouva-t-il ?	Seigneur
Orderic	Mahaut	En épousa un autre	Godefroi de Bouillon
Radulf	Guillemette	Est morte	Étienne de Blois
Sigebert	Pétronille	Est entrée au couvent	Raymond de Saint Gilles
Théodoric	Hermine	La retrouva et l'épousa	Bohémon de Normandie

20. À la Brasserie du Centre.

Client	Profession	N° Table	Plat choisi
M. Bernard	Dirigeant de société	7	Potée auvergnate
Mme Charpentier	Maire	6	Saumon à l'unilatéral
M. Dubois	Percepteur	5	Bœuf en daube
Mme Martin	Juge d'Instruction	4	Civet de lapin

21. Les enquêtes du Commissaire Lemaigre.

Policier	Adresse	Action	Grade
Brulin	Av. du Maine	Questionner un indic	Commandant
Carel	Rue Didot	Arrêter le chef	Brigadier
Martin	Bd. Brune	Localiser le dépôt	Capitaine
Santi	Rue d'Alésia	Trouver un témoin	Lieutenant

22. Panique au Supermarché.

Problème	Produit	N° caisse	Heure
Mauvais code affiché	Boîte de conserve	4	16 H 30
Caisse qui s'éteint	Baril de lessive	1	15 H
Panne d'imprimante	Fromage	3	15 H 30
Plus de papier	Fruits	2	16 H

23. Fans de Louis de Funès.

Film	Prénom	Âge	Adresse
La Folie des Grandeurs	Christian	13 ans	Rue des Abondances
Le Gendarme de Saint-Tropez	Laurent	12 ans	Avenue Victor Hugo
La Grande Vadrouille	Nicolas	11 ans	Route de la Reine
La Zizanie	Ronan	14 ans	Rue Galliéni

24. Au Concert Spirituel.

Invité	Ville	Compositeur	Date
Marquis d'Armentières	Nancy	Mondonville	7 Mars
Monsieur Colas	Chartres	Rameau	3 Mai
Comte d'Haussonville	Versailles	Geminiani	17 Avril
Abbé Pépin	Paris	Delalande	30 Mars

25. En attendant l'autobus.

Prénom	N° Bus	Occupation	Attente
Agnès	26	Lit un journal	10 minutes
Bella	66	Marche de long en large	15 minutes
Caroline	53	Écoute de la musique	20 minutes
Diane	80	Parle au téléphone	5 minutes

26. L'autorité du Sénat Romain.

Visiteur	Épouse	Ville	Demande
Caïus Pompilius	Cornelia	Spoletum	Adopter une esclave
Lucius Nero	Xena	Hadria	Litige terrain mitoyen
Marcus Julius	Gaïa	Tarracina	Bâtiment à détruire
Paulus Octavius	Flavia	Antium	Lever armée

27. Une lecture passionnante.

Prénom	Sujet	Raison du choix	Pages lues
Josepha	Romance	Vu à la télévision	98
Liliane	Histoire	Conseil ami	134
Maurice	Biographie	Trouvé en librairie	115
Nathan	Policier	Critique dans une revue	198

28. Le calendrier des éboueurs.

Rue	N°	Nom	Somme donnée
Rue Daumesnil	27	Mme Durand	1 €
Rue Diderot	2	M. Bernard	5 €
Rue Mirabeau	34	Mme François	3 €
Rue de Montreuil	11	M. Charpentier	2 €

29. « Ave Caesar, morituri te salutant ! »

Nom	Origine	Fonction	Combats gagnés
Callimorphos	Gaulois	Mirmillon	6
Fulgur	Carthaginois	Rétiaire	4
Nicephoros	Samnite	Secutor	5
Ursus	Thrace	Provocator	3

30. Foire aux vins.

Visiteur	Ville	Vin	Heure
André	Créteil	Champagne	14 H
Bernard	Argenteuil	Côtes du Rhône	13 H
Charles	Pontoise	Bourgogne	10 H
Daniel	Boulogne	Médoc	11 H
Étienne	Vincennes	Saumur	12 H

31. Au Musée du Louvre.

Visiteuse	Tableau	Dimensions	Peintre
Evelyne	Louis XIV	2.77 m x 1.84 m	Hyacinthe Rigaud
Marie-France	La Liberté guidant le Peuple	2.60 m x 3.25 m	Eugène Delacroix
Nicole	L'embarquement pour Cythère	1.29 m x 1.94 m	Antoine Watteau
Pauline	Le Sacre de Napoléon	6.21 m x 9.79 m	Jacques-Louis David

32. Les vacances du Superintendent.

Ami(e)	Ville	Transport	Jour
Seamus Casey-Wynford	Stanton	À pieds	Mardi
Alice Cowell	Avebury	À cheval	Vendredi
Sheila Rebbott	Swindon	En voiture	Mercredi
Juan Rodriguez	Marlborough	Emmené par un ami	Jeudi

33. Choisir un film.

Chaîne	Film	Acteur principal	Avis
Actua	Le tueur de la plage	Bill Vezée	Choisissons celui-ci
Ciné-Folie	Sierra Sanglante	Marc Ize	Trop violent
Ciné-Vogue	Bonjour, mignonne	Albert Nick	N'aime pas l'acteur
Écran Bleu	Le cadavre bavard	Théo Lien	Mauvaise critique
Télé-Rêves	Angoisses	Charles Hattan	Déjà vu

34. Élégantes à lunettes.

Prénom	Âge	Couleur	Mois
Annie	12	Transparente	Rue Lamartine
Caroline	20	Bleu	Rue Molière
Diana	14	Vert	Rue Ronsard
Evelyne	16	Doré	Bd Victor Hugo
Vanessa	18	Rose	Ave Émile Zola

35. Chats hellénistes

Prénom de la Maîtresse	Nom du Chat	Race du Chat	Âge du Chat
Jeanine	Hérodote	Persan	2 ans
Nadia	Eschyle	Chartreux	5 ans
Olga	Callinos	Bengali	4 ans
Priscilla	Sophocle	Maine Coon	6 ans
Rosine	Pindare	Scottish Fold	3 ans

36. Commandes de vêtements.

Heure	Ville	Article	Quantité
9 H 30	Levallois	Vestes	200
9 H 45	Courbevoie	Costumes	300
10 H	Montrouge	Pantalons	350
14 H 35	Boulogne	Chemises	400
15 H	Asnières	Jupes	250

37. La Marine Nationale.

Année	Nom	Fonction	Ville marraine
1982	Léopard	Navire-école	Libourne
1984	Andromède	Chasseur de mines	Issy-les-Moulineaux
1988	La Pérouse	Bâtiment hydrographique	Albi
1994	Altaïr	Remorqueur de sonars	Roscoff
2011	Chevalier Paul	Frégate de défense aérienne	Nantes

38. SMS de week-ends

Prénom	Villégiature	Correspondant	Habite à :
Brigitte	Cannes	Louis	Reims
Charlie	Bordeaux	Catherine	Évreux
Grégoire	Annecy	Nadine	Beauvais
Juliette	Deauville	Alain	Chartres
Lorena	Vézelay	Henri	Pontoise

39. Agility Dog

Nom du chien	Race	Obstacle	Classement
Attila	Berger allemand	Slalom	5ème
Jupiter	Bouvier bernois	Balançoire	3ème
Rantanplan	Labrador	Passerelle	1er
Snoopy	Border Collie	Haie	2ème
Titus	Berger des Shetlands	Pneu	4ème

40. Entreprise de déménagement.

Nom	Adresse	Destination	Jour
Boyer	Rue Costes et Le Bris	Ancenis	Lundi
Dubois	Place Viarmes	La Baule	Vendredi
Fournier	Bd Lelasseur	Savenay	Mercredi
Guimet	Rue Paul Bellamy	Cordemais	Jeudi
Henriot	Rue Haute Roche	Paimboeuf	Mardi

41. Voyage en Afrique.

Prénom	Pays	Nb jours	Profession
André	Namibie	14	Transporteur
Diane	Kenya	20	Médecin
Julien	Côte d'Ivoire	17	Photographe
Monique	Malawi	12	Producteur de cinéma
Pierre	Sénégal	16	Zoologue

42. Hier et aujourd'hui.

Rue ancienne	Bâtiment ancien	Rue actuelle	Bâtiment actuel
Rue de l'Atelier	Menuiserie	Av. de la République	Piscine
Rue du Canal	École	Impasse Montaigne	Arrêt d'autobus
Rue du Gibet	Prison	Rue du Marché	Hôtel des Familles
Allée des Roses	Jardins du Prieuré	Rue du Château	Mairie
Passage de l'Enfer	Relais de poste	Rue Victor Hugo	Galerie marchande

43. Loisirs dijonnais.

Prénom	Ville	Profession	Hobby
Alphonse	Bretonnière	Commerçant	Viticulture
Bernard	Crimolois	Fonctionnaire	Pêche à la ligne
Colin	Marsannay-la-Côte	Ingénieur	Alpinisme
Diego	Ahuy	Professeur	Pilotage d'avion
Fernand	Quetigny	Avocat	Équitation

44. Voitures d'occasion.

Profession client	Marque voiture	Avant	Après
Acteur	Rolls-Royce	Blanc	Orange
Chanteur	Aston-Martin	Vert	Or
Footballeur	Land Rover	Noir	Argent
Présentateur télé	Jaguar	Marron	Rouge
Publiciste	Bentley	Gris	Violet

45. Abbayes cisterciennes.

Abbaye	Département	Fondateur/trice	Date
Chaalis	Oise	Sire de Mello	1219
Clairmont	Mayenne	Guy V de Laval	1152
L'Épau	Sarthe	Bérangère de Navarre	1229
La Chalade	Meuse	Ricuin, moine bénédictin	1136
Hautecombe	Savoie	St Bernard de Clairvaux	1135

46. Éleveurs mayennais.

Mari	Épouse	Habitation	Animaux
Bertrand	Agnès	Chemazé	Vaches
Daniel	Thérèse	Athée	Moutons
Jean-Louis	Sophie	Simplé	Chevaux
Marcel	Evelyne	Ampoigné	Poules
Nicolas	Marie-Anne	Laigné	Cochons

47. Jardiniers prédestinés.

Prénom	Fleur	Jour	Temps passé
Capucine	Freesias	Dimanche	4 heures
Lin	Crocus	Mardi	3 heures
Marguerite	Mauves	Vendredi	3 heures ½
Narcisse	Lupins	Samedi	2 heures
Rose	Primevères	Lundi	2 heures ½

48. Festival de danse de salon.

Danseur	Danseuse	Ville	Danse
Bernard	Ida	Paris	Valse
Christian	Georgette	Évreux	Tango
Daniel	Hélène	Chartres	Java
Ernest	Linda	Orléans	Rock
Félix	Juliette	Lille	Samba

49. Cuisine et Hi-Fi

Client(e)	Appareil audio	Appareil culinaire	Jour
Annie	Casque	Mixer	Vendredi
Christian	Radio CD	Ouvre-boîtes	Mardi
Joëlle	Radio-réveil	Bouilloire	Samedi
Louis	Lecteur MP3	Grille-pain	Mercredi
Paola	Micro	Cafetière	Jeudi

50. Restaurateurs auvergnats.

Restaurateur	Apprenti	Spécialité	Restaurant
Aimable	Thérèse	Boudin aux pommes	L'Aubrac
Antonin	Daniel	Potée auvergnate	Le Terroir
Bastienne	José	Chou farci	Chez Mamie
Gérard	Nicolas	Aligot	Le Puy
Mabel	Catherine	Tripoux	Le Bon Coin

51. Livraison rapide.

Client	Commande	Ville	Heure
Annie	DVD	Clamart	9 h 30
Bernard	Téléphone	Malakoff	11 h 30
Fatima	Ordinateur	Montrouge	10 h 30
Jean-Louis	CD	Issy-les-Moulineaux	11 h
Mario	Livres	Meudon	10 h

52. Mon smartphone.

Prénom	Couleur	Jour	Numéro
Albert	Bleu	Jeudi	56
Brigitte	Blanc	Lundi	43
Charles	Rouge	Mercredi	25
Hélène	Vert	Vendredi	48
Louise	Noir	Mardi	34

53. Piano à quatre pattes.

Garçon	Fille	Compositeur	Durée
André	Irène	Mozart	6 minutes
Bernard	Fadila	Brahms	5 minutes
Charles	Jeanine	Beethoven	8 minutes
Donald	Harriett	Fauré	4 minutes
Eugène	Geneviève	Schubert	7 minutes

54. Hubert et ses râteaux.

Jour	Prénom	Fonction	Prétexte
Lundi	Sabrina	Directrice des ventes	Leçon de conduite
Mardi	Coralie	Secrétaire de direction	Répétition de chorale
Mercredi	Virginie	Réceptionniste	Rendez-vous chez le médecin
Jeudi	Brenda	Informaticienne	Anniversaire de Maman
Vendredi	Lisa	Graphiste	Visite à l'hôpital

55. Jean-Sébastien Bach.

Ville	N° BWV	Œuvre	Date
Dresde	582	Passacaille et Fugue p. orgue	1716
Köthen	812	Suites Françaises p. clavecin	1720
Leipzig	243	Magnificat chœur et orchestre	1723
Mühlhausen	4	Cantate chœur et orchestre	1707
Weimar	603	Choral p. orgue	1708

56. Tribus indiennes.

Chef indien	Trappeur	Tribu	Mois
Arbre-agité-par-le-vent	Albert	Sioux	Avril
Bison-Furieux	Henry	Hurons	Juillet
Chien-Fou	Lewis	Navajos	Août
Nuage-Bleu	Phillip	Cheyennes	Mai
Petit-Cheval-Trottant	John	Comanches	Juin

57. Mails de vacances.

Expéditeur	Illustration	Destinataire	Ville
Agnès	Paysage	Michel	St Quentin
Charly	Émoticônes	Diane	Lille
Daniel	Animaux	Noémie	Caen
Evelyne	Sculpture	Bernard	Le Mans
Louise	Tableau	Hervé	Pontoise

58. Remboursez !

Client	Entreprise	Travaux	Acompte
André	S.A.Mix	Fenêtres	450 €
Catherine	Le Clou d'Or	Jardinage	400 €
Diana	A.B.C.	Plomberie	550 €
Eugène	Fétout	Électricité	500 €
Flavien	Maison Neuve	Panneaux solaires	600 €

59. Ancêtres peu recommandables.

Prénom	Nom	Nom de l'ancêtre	« Profession » de l'ancêtre
Antje	Broucke	Wouter	Cambrioleur
Gerda	Christiaens	Geert	Empoisonneur
Hilda	De Coster	Erwin	Faussaire
Johanna	Arimont	Jan	Bandit de grand chemin
Marieke	Evrard	Kasper	Pirate

60. « Quitte ou Double ? »

Somme	Prénom	Ville	Catégorie
16 000 F	Brigitte	Chambéry	Chimie
32 000 F	Eugène	Besançon	Histoire
64 000 F	Christiane	Pau	Littérature Française
128 000 F	Daniel	La Rochelle	Musique Classique
256 000 F	Albert	Orléans	Sport

TABLE DES MATIÈRES

Les Règles du Jeu...3
1 – Numismate, penduluphile ou philatéliste ?..4
2 – Le chat de la famille..4
3-Les animaux vedettes..5
4-Lecture pour tous …..6
5-Monopoly..7
6-Facebook canin...8
7-Nœuds papillon...9
8-Niccolò Paganini...10
9-Les Fjords de Norvège..11
10-Les Lémuriens...12
11-Les Cavaliers de l'Empire...13
12-Rêvons un peu …..14
13-« Apporte ! »..15
14-Métempsychose..16
15-Prix Littéraires au féminin..17
16-Soir de match égal pizza !...18
17-« Les comptes fantastiques d'Haussmann »..19
18-Star Wars XXXX…...20
19-La première croisade (1096-1099)...21
20-À la Brasserie du Centre..22
21-Les enquêtes du commissaire Lemaigre..23
22-Panique au Supermarché...24
23-Fans de Louis de Funès...25
24-Au Concert Spirituel..26
25-En attendant l'autobus...27
26-L'Autorité du Sénat Romain..28
27-Une lecture passionnante...29
28-Le calendrier des éboueurs..30
29-« Ave Caesar, morituri te salutant ! »..31
30-Foire aux vins..32
31-Au Musée du Louvre...33
32-Les vacances du Superintendent..34

33-Choisir un film ... 35
34-Élégantes à lunettes ... 36
35-Chats hellénistes ... 37
36-Commandes de vêtements ... 38
37-La Marine Nationale ... 39
38-SMS de week-end ... 40
39-Agility Dog ... 41
40-Entreprise de déménagement ... 42
41-Voyage en Afrique ... 43
42-Hier et Aujourd'hui ... 44
43-Loisirs dijonnais ... 45
44-Voitures d'occasion ... 46
45-Abbayes cisterciennes ... 47
46-Éleveurs mayennais ... 48
47-Jardiniers prédestinés ... 49
48-Festival de danse de salon ... 50
49-Cuisine et Hi-Fi ... 51
50-Restaurateurs auvergnats ... 52
51-Livraison rapide ... 53
52-Mon smartphone ... 54
53-Piano à quatre pattes… ... 55
54-Hubert et ses râteaux ... 56
55-Jean-Sébastien Bach ... 57
56-Tribus Indiennes ... 58
57-Mails de vacances ... 59
58-Remboursez ! ... 60
59-Ancêtres peu recommandables ... 61
60-« Quitte ou Double ? » ... 62
Solutions ... 63
TABLE DES MATIÈRES ... 69